누구든지

그리스도와 합하기 위하여

세례를 받은 자는

그리스도로 옷 입었느니라

갈라디아서 3장 27절

대한예수교장로회총회

이름

문답 받은 날

세례 받은 날

집례 목사

세례 받은 곳

교회

머리말

학습·세례문답서는 믿음의 성도에게 가장 기본이면서도 중요한 예식입니다. 이에 1974년 제59회 총회에서 발행하기로 결의되어 1982년에 선보인 이후, 시대적 상황에서 부각되는 사항을 다루어 새롭게 내놓았습니다. 2017년 제102회 총회에서 어린이세례 관련 내용을 헌법적 규칙과 예배모범에 포함하여 개정하기로 하고 제103회 총회에서 공포함에 따라 총회 헌법이 개정되어 금번 학습·세례 문답서도 헌법과 동일하게 수정하여 개편하게 되었습니다.

본 문답서에는 학습·세례문답자의 자격, 학습과 세례문답의 기초 문항, 교회 및 성도의 생활에 관하여 학습자와 세례자가 꼭 알아야 할 내용을 다루었으며 부록으로 학습, 세례, 입교를 위한 문답모범 등이 수록되어 있습니다.

학습, 세례, 입교가 신앙인의 기본생활에서 가장 기본적이며 핵심적인 사안임을 감안할 때 본 문답서를 통해 주님 안에서 성숙한 그리스도인들이 많이 배출되고 양육되기를 소원합니다. 또한 학습과 세례에 관해 교리적으로 더 깊이 알고 세례교인으로서의 본분을 다하고자 하는 분들을 위해 「학습세례문답 해설서」도 별도로 발간하였사오니 이를 통해서도 신앙을 더욱 굳건히 세우시기 바랍니다.

이 작은 책이 교회와 성도를 왕성하게 하는 귀한 도구로 사용되기를 원하며 사용해 주시는 모든 분들께 감사를 드립니다.

2019년 2월

대한예수교장로회총회

차 례

제1편 학습 문답

제2편 세례[입교] 문답

제3편 부록

제1편

학습 문답

제 1 장　학습 문답자의 자격과 사람의 목적
제 2 장　성경은 무슨 책입니까?
제 3 장　하나님은 누구십니까?
제 4 장　우주와 사람은 어떻게 시작되었습니까?
제 5 장　죄란 무엇입니까?
제 6 장　예수 그리스도는 누구십니까?
제 7 장　예배란 무엇입니까?
제 8 장　공적 예배는 어떻게 드려야 합니까?
제 9 장　성도의 생활은 어떤 것입니까?
제10장　주기도문과 사도신경을 외워 보십시오.

제1장 학습 문답자의 자격과 사람의 목적

1. 학습은 누가 받을 수 있습니까?

(1) 교회에 출석한 지 6개월 이상이 되고
(2) 예수를 믿는 자로서
(3) 만 14세 이상 되어야 합니다.

2. 사람의 제일 되는 목적은 무엇입니까?

(1) 하나님을 영화롭게 하는 것과
(2) 영원토록 그를 즐거워하는 것입니다.

제2장 성경은 무슨 책입니까?

3. 우리의 신앙과 생활의 유일한 법칙은 무엇입니까?

신구약 성경, 즉 정확하고 오류가 없는 하나님의 말씀입니다.

4. 성경은 몇 권으로 기록되어 있습니까?

구약 39권, 신약 27권, 모두 66권으로 되어 있습니다.

5. 성경은 누가 기록하였습니까?

하나님께서 특별히 선택한 사람들이 성령

의 감동으로 기록하였습니다.

6. 구약에 기록된 내용은 무엇입니까?

(1) 피조물의 창조와 타락
(2) 구원을 위해 오실 예수 그리스도에 대한 말씀이 기록되어 있습니다.

7. 신약에 기록된 내용은 무엇입니까?

(1) 예수 그리스도의 구원 사역과
(2) 구원받은 자의 삶과
(3) 예수 그리스도의 재림과 영생에 대한 말씀이 기록되어 있습니다.

8. 성경은 어떻게 읽어야 합니까?

(1) 매일매일 읽고
(2) 그대로 지키려고 힘써야 합니다.

제3장 하나님은 누구십니까?

9. 하나님은 몇 분이십니까?

(1) 오직 한 분이시며
(2) 삼위로 계십니다.

10. 삼위 하나님은 누구이십니까?
(1) 삼위는 성부 · 성자 · 성령이신데
(2) 권능과 영광이 동일하십니다.

11. 하나님은 언제부터 계십니까?
(1) 영원 전부터 영원까지
(2) 스스로 계십니다(출 3:14).

12. 하나님은 어디에 계십니까?
하나님은 계시지 않는 곳이 없으십니다.

제4장 우주와 사람은 어떻게 시작되었습니까?

13. 하늘과 땅은 누가 창조하셨습니까?
전능하신 하나님께서 말씀으로 창조하셨습니다(창 1:1).

14. 하나님은 며칠 동안에 천지를 창조하셨습니까?
6일 동안 창조하시고 7일째는 안식하셨습니다.

출 3:14 하나님이 모세에게 이르시되 나는 스스로 있는 자이니라 또 이르시되 너는 이스라엘 자손에게 이같이 이르기를 스스로 있는 자가 나를 너희에게 보내셨다 하라
창 1:1 태초에 하나님이 천지를 창조하시니라

15. 사람은 누가 창조하셨습니까?
하나님께서 자기의 형상대로(창 1:26~27) 사람을 남녀로 창조하셨습니다.

제5장 죄란 무엇입니까?

16. 죄는 무엇입니까?
하나님의 말씀을 순종하지 않는 것입니다.

17. 최초로 누가 범죄하였습니까?
인류의 조상인 아담과 하와입니다 (창 3:6 ~10).

창 1:26~27 [26]하나님이 이르시되 우리의 형상을 따라 우리의 모양대로 우리가 사람을 만들고 그들로 바다의 물고기와 하늘의 새와 가축과 온 땅과 땅에 기는 모든 것을 다스리게 하자 하시고 [27]하나님이 자기 형상 곧 하나님의 형상대로 사람을 창조하시되 남자와 여자를 창조하시고
창 3:6~10 [6]여자가 그 나무를 본즉 먹음직도 하고 보암직도 하고 지혜롭게 할 만큼 탐스럽기도 한 나무인지라 여자가 그 열매를 따먹고 자기와 함께 있는 남편에게도 주매 그도 먹은지라 [7]이에 그들의 눈이 밝아져 자기들이 벗은 줄을 알고 무화과나무 잎을 엮어 치마로 삼았더라 [8]그들이 그 날 바람이 불 때 동산에 거니시는 여호와 하나님의 소리를 듣고 아담과 그의 아내가 여호와 하나님의 낯을 피하여 동산 나무 사이에 숨은지라 [9]여호와 하나님이 아담을 부르시며 그에게 이르시되 네가 어디 있느냐 [10]이르되 내가 동산에서 하나님의 소리를 듣고 내가 벗었으므로 두려워하여 숨었나이다

18. 아담이 불순종한 내용이 무엇입니까?

먹지 말라고 명하신 선악과를 따먹은 것 입니다(창 2:16~17, 3:6).

19. 원죄란 무엇입니까?

(1) 인류의 대표인 아담이 지은 죄입니다.

(2) 모든 사람이 원죄 가운데 출생합니다 (롬 5:12, 18~19).

20. 원죄를 가진 우리가 스스로 지은 죄를 무엇이라 합니까?

자범죄(自犯罪)라고 합니다(롬 3:10~12, 23).

창 2:16~17 [16]여호와 하나님이 그 사람에게 명하여 이르시되 동산 각종 나무의 열매는 네가 임의로 먹되 [17]선악을 알게 하는 나무의 열매는 먹지 말라 네가 먹는 날에는 반드시 죽으리라 하시니라

창 3:6 여자가 그 나무를 본즉 먹음직도 하고 보암직도 하고 지혜롭게 할 만큼 탐스럽기도 한 나무인지라 여자가 그 열매를 따먹고 자기와 함께 있는 남편에게도 주매 그도 먹은지라

롬 5:12 그러므로 한 사람으로 말미암아 죄가 세상에 들어오고 죄로 말미암아 사망이 들어왔나니 이와 같이 모든 사람이 죄를 지었으므로 사망이 모든 사람에게 이르렀느니라

롬 5:18~19 [18]그런즉 한 범죄로 많은 사람이 정죄에 이른 것 같이 한 의로운 행위로 말미암아 많은 사람이 의롭다 하심을 받아 생명에 이르렀느니라 [19]한 사람이 순종하지 아니함으로 많은 사람이 죄인 된 것 같이 한 사람이 순종하심으로 많은 사람이 의인이 되리라

21. 원죄와 자범죄를 가진 사람은 어떻게 됩니까?

이 세상과 내세에 하나님의 진노와 형벌을 받게 됩니다.

22. 멸망 받을 죄인을 구원하시기 위한 하나님의 계획은 무엇입니까?

(1) 독생자 예수 그리스도를 이 땅에 보내시고

(2) 온 세상 죄를 위하여 십자가에서 죽게 하는 것입니다(요일 2:2).

제6장 예수 그리스도는 누구십니까?

23. 예수 그리스도는 누구십니까?

(1) 하나님의 독생자이시고

(2) 우리의 구주이십니다.

24. 예수님은 어디에서 탄생하셨습니까?

유대 땅 베들레헴에서 나셨습니다.

롬 3:10~12 [10]기록된 바 의인은 없나니 하나도 없으며 [11]깨닫는 자도 없고 하나님을 찾는 자도 없고 [12]다 치우쳐 함께 무익하게 되고 선을 행하는 자는 없나니 하나도 없도다

롬 3:23 모든 사람이 죄를 범하였으매 하나님의 영광에 이르지 못하더니

25. 예수님은 세상에 몇 년 동안 계셨습니까?
33년 동안 계셨습니다.

26. 예수님은 33년 동안 무슨 일을 하셨습니까?
(1) 30년은 가정에서 가사를 돕는 일을 하셨고
(2) 마지막 3년은 그리스도의 공적인 구원 사역을 하셨습니다.

27. 예수님의 제자는 몇 분이었습니까?
12제자가 있었습니다.

28. 예수님은 어떻게 죽으셨습니까?
죄 없으신 분이 우리를 대신하여 십자가에 못 박혀 죽으셨습니다(금요일/마 27:35).

29. 예수님의 시체를 누가 장사했습니까?
아리마대 요셉입니다(마 27:57).

마 27:35 그들이 예수를 십자가에 못 박은 후에 그 옷을 제비 뽑아 나누고
마 27:57 저물었을 때에 아리마대의 부자 요셉이라 하는 사람이 왔으니 그도 예수의 제자라

30. 예수님은 장사 지낸 후 어떻게 되셨습니까?

죽은 지 3일 만에 다시 살아나셨습니다 (주일/마 28:6).

31. 다시 사신 후 무엇을 하셨습니까?

40일 동안 여러 차례 제자들에게 나타내 보이시고 가르치셨습니다 (행 1:3, 고전 15:4 ~8).

32. 나타내 보이신 다음에는 어떻게 되었습니까?

하늘로 올라가셨습니다(행 1:9).

마 28:6 그가 여기 계시지 않고 그가 말씀 하시던 대로 살아나셨느니라 와서 그가 누우셨던 곳을 보라

행 1:3 그가 고난 받으신 후에 또한 그들에게 확실한 많은 증거로 친히 살아 계심을 나타내사 사십 일 동안 그들에게 보이시며 하나님 나라의 일을 말씀하시니라

고전 15:4~8 [4]장사 지낸 바 되셨다가 성경대로 사흘 만에 다시 살아나사 [5]게바에
게 보이시고 후에 열두 제자에게와 [6]그 후에 오백여 형제에게 일시에 보이셨나니
그 중에 지금까지 대다수는 살아 있고 어떤 사람은 잠들었으며 [7]그 후에 야고보에
게 보이셨으며 그 후에 모든 사도에게와 [8]맨 나중에 만삭되지 못하여 난 자 같은 내
게도 보이셨느니라

행 1:9 이 말씀을 마치시고 그들이 보는데 올려져 가시니 구름이 그를 가리어 보이지 않게 하더라

33. 승천하실 때 하신 말씀은 무엇입니까?

(1) 오직 성령이 너희에게 임하시면 너희가 권능을 받고

(2) 땅 끝까지 이르러 내 증인이 되리라고 하셨습니다(행 1:8).

34. 승천하신 예수님은 어떻게 다시 오십니까?

하늘로 올라가심을 본 그대로 다시 오십니다(행 1:11).

35. 우리는 어떻게 구원을 받을 수 있습니까?

예수 그리스도를 믿음으로만 구원 받습니다(요 14:6, 행 4:12, 롬 3:22~24, 갈 2:16).

행 1:8 오직 성령이 너희에게 임하시면 너희가 권능을 받고 예루살렘과 온 유대와 사마리아와 땅 끝까지 이르러 내 증인이 되리라 하시니라

행 1:11 이르되 갈릴리 사람들아 어찌하여 서서 하늘을 쳐다보느냐 너희 가운데서 하늘로 올려지신 이 예수는 하늘로 가심을 본 그대로 오시리라 하였느니라

요 14:6 예수께서 이르시되 내가 곧 길이요 진리요 생명이니 나로 말미암지 않고는 아버지께로 올 자가 없느니라

행 4:12 다른 이로써는 구원을 받을 수 없나니 천하 사람 중에 구원을 받을 만한 다른 이름을 우리에게 주신 일이 없음이라 하였더라

롬 3:22~24 [22]곧 예수 그리스도를 믿음으로 말미암아 모든 믿는 자에게 미치는 하나님의 의니 차별이 없느니라 [23]모든 사람이 죄를 범하였으매 하나님의 영광에 이르지 못하더니 [24]그리스도 예수 안에 있는 속량으로 말미암아 하나님의 은혜로 값없이 의롭다 하심을 얻은 자 되었느니라

제7장 예배란 무엇입니까?

36. 예배란 무엇입니까?

예배는 하나님을 섬기는 것입니다.

37. 사람은 누구만을 예배해야 합니까?

오직 창조주이시며 구속주이신 하나님만 예배해야 합니다.

38. 예배의 종류에는 어떤 것이 있습니까?

(1) 성도들이 삶으로 드리는 예배와

(2) 성도들이 함께 모여서 드리는 예배가 있습니다.

제8장 공적 예배는 어떻게 드려야 합니까?

39. 예배 시간은 무엇을 하는 시간입니까?

(1) 하나님께 경배와 찬양과 기도와 헌금을 드리고

갈 2:16 사람이 의롭게 되는 것은 율법의 행위로 말미암음이 아니요 오직 예수 그리스도를 믿음으로 말미암는 줄 알므로 우리도 그리스도 예수를 믿나니 이는 우리가 율법의 행위로써가 아니고 그리스도를 믿음으로써 의롭다 함을 얻으려 함이라 율법의 행위로써는 의롭다 함을 얻을 육체가 없느니라

(2) 하나님으로부터 말씀과 은혜와 응답과 복을 받고

(3) 성령으로 교통하는 시간입니다.

40. 예배의 참석은 언제부터 언제까지 해야 합니까?

개회로부터 시작하여 축도(축복기도)까지 해야 합니다.

41. 우리는 왜 주일을 지키게 됩니까?

(1) 구약시대에는 창조를 기준으로 안식일을 지켜왔으나

(2) 신약시대에는 부활을 기준으로 주일을 지킵니다.

42. 주일은 어떻게 지켜야 합니까?

예배를 드리고 선한 일을 하면서 거룩하게 지켜야 합니다(사 58:13~14, 행 20:7).

사 58:13~14 [13]만일 안식일에 네 발을 금하여 내 성일에 오락을 행하지 아니하고 안식일을 일컬어 즐거운 날이라, 여호와의 성일을 존귀한 날이라 하여 이를 존귀하게 여기고 네 길로 행하지 아니하며 네 오락을 구하지 아니하며 사사로운 말을 하지 아니하면 [14]네가 여호와 안에서 즐거움을 얻을 것이라 내가 너를 땅의 높은 곳에 올리고 네 조상 야곱의 기업으로 기르리라 여호와의 입의 말씀이니라

행 20:7 그 주간의 첫날에 우리가 떡을 떼려 하여 모였더니 바울이 이튿날 떠나고자 하여 그들에게 강론할새 말을 밤중까지 계속하매

43. 주일을 거룩하게 지키는 방법은 무엇입니까?

먼저 육신의 모든 사업을 정돈하고 평소에 미리 준비해야 합니다.

44. 찬송은 어떻게 불러야 합니까?

정성된 마음으로 곡조에 맞게 불러야 합니다.

45. 헌금은 무엇입니까?

예배시간에 성도가 받은 물질을 하나님께 바치는 일입니다.

46. 헌금할 때 주의할 것은 무엇입니까?

(1) 인색한 마음이나 억지로 드릴 것이 아니고

(2) 감사와 자원하는 마음으로 즐겨 바쳐야 할 것입니다(고후 9:7).

고후 9:7 각각 그 마음에 정한 대로 할 것이요 인색함으로나 억지로 하지 말지니 하나님은 즐겨 내는 자를 사랑하시느니라

47. 기도는 누구에게 합니까?
하나님께 합니다(마 6:6, 요 14:16).

48. 기도는 누구의 이름으로 해야 합니까?
예수님의 이름으로 해야 합니다(요 14:14).

제9장 성도의 생활은 어떤 것입니까?

49. 교인이 된 후에 특별히 금해야 할 일은 무엇입니까?
(1) 주일을 지키지 않는 일
(2) 미신행위
(3) 음란행위
(4) 음주
(5) 흡연
(6) 도박 등 죄악된 일입니다.

50. 신자는 누구와 결혼할 수 없습니까?
비(非)신자나 이단 교파와는 결혼을 할

마 6:6 너는 기도할 때에 네 골방에 들어가 문을 닫고 은밀한 중에 계신 네 아버지께 기도하라 은밀한 중에 보시는 네 아버지께서 갚으시리라
요 14:16 내가 아버지께 구하겠으니 그가 또 다른 보혜사를 너희에게 주사 영원토록 너희와 함께 있게 하리니
요 14:14 내 이름으로 무엇이든지 내게 구하면 내가 행하리라

수 없습니다.

51. 교인은 세상에서 어떻게 살아가야 합니까?

(1) 성경대로 살기 위해 성경을 힘써 배워야 하며

(2) 예수님의 가르침을 생활 속에 실천해야 합니다.

52. 누가 복을 받을 수 있습니까?

성경을 읽고 듣고 지키는 자입니다(계 1:3).

53. 환난과 핍박을 받아도 예수를 믿겠습니까?

끝까지 낙심하지 않고 주님만을 믿고 따르겠습니다.

계 1:3 이 예언의 말씀을 읽는 자와 듣는 자와 그 가운데에 기록한 것을 지키는 자는 복이 있나니 때가 가까움이라

제10장 주기도문과 사도신경을 외워 보십시오.

54. '주기도문'을 외워 보십시오.

하늘에 계신 우리 아버지여,
이름이 거룩히 여김을 받으시오며,
나라이 임하옵시며,
뜻이 하늘에서 이룬 것같이
땅에서도 이루어지이다.
오늘날 우리에게 일용할 양식을 주옵시고,
우리가 우리에게 죄 지은 자를
사하여 준 것같이
우리 죄를 사하여 주옵시고,
우리를 시험에 들게 하지 마옵시고
다만 악에서 구하옵소서.
대개 나라와 권세와 영광이
아버지께 영원히 있사옵나이다.
아멘(마 6:9~13).

Our Father which art in heaven,
Hallowed be thy name.
Thy kingdom come,
Thy will be done in earth, as it is in heaven.
Give us this day our daily bread.
And forgive us our debts, as we forgive our debtors.
And lead us not into temptation, but deliver us from evil.
For thine is the kingdom, and the power,
And the glory, for ever. Amen. (Matt. 6:9-13)

55. '사도신경'을 외워 보십시오.

전능하사 천지를 만드신
하나님 아버지를 내가 믿사오며
그 외아들 우리 주 예수 그리스도를
믿사오니, 이는 성령으로 잉태하사
동정녀 마리아에게 나시고
본디오 빌라도에게 고난을 받으사
십자가에 못 박혀 죽으시고
장사한 지 사흘 만에 죽은 자 가운데서
다시 살아나시며 하늘에 오르사
전능하신 하나님 우편에 앉아 계시다가
저리로서 산 자와 죽은 자를
심판하러 오시리라.
성령을 믿사오며 거룩한 공회와
성도가 서로 교통하는 것과 죄를 사하여
주시는 것과 몸이 다시 사는 것과
영원히 사는 것을 믿사옵나이다. 아멘.

I believe in God the Father Almighty, Maker of heaven and earth,
And in Jesus Christ, His only Son our Lord,
who was conceived by the Holy Ghost,
born of the Virgin Mary, suffered under Pontius Pilate,
was crucified, dead, and buried; He descended into hell;
the third day He rose again from the dead; He ascended into heaven,
and sitteth on the right hand of God the Father Almighty;
from thence He shall come to judge the quick and the dead.
I believe in the Holy Ghost, the holy catholic Church,
the communion of saints, the forgiveness of sins,
the resurrection of the body, and the life everlasting. Amen.

제2편

세례[입교] 문답

제1장 세례[입교] 문답자의 자격

1. 세례를 받을 수 있는 자격은 무엇입니까?

(1) 학습을 받은 후 6개월 이상 교회에 잘 출석하고

(2) 예수 그리스도를 자신의 구주로 믿는 자입니다.

2. 유아 세례와 어린이 세례를 받을 수 있는 자는 누구입니까?

만 6세까지 유아(幼兒)세례를, 만 7세부터 13세는 어린이 서례를 줄 수 있으되, 부모 중 한 편만이라도 세례교인이면(혹은 입교인이면) 줄 수 있고, 부모의 부재 시 당회의 허락으로 가능하다.

3. 입교 문답을 받을 수 있는 자는 누구입니까?

(1) 유아 세례나 어린이 세례를 받은 자로서

(2) 만 14세 이상이 되어 스스로 신앙을 고백하는 자입니다.

제2장 성경

4. 우리는 어떻게 하나님을 알 수 있습니까?

(1) 하나님이 창조하신 자연(일반계시, 시 19:1~2, 롬 1:20)과
(2) 하나님의 말씀인 성경(특별계시, 딤후 3:14~17)으로 알 수 있습니다.

5. 성경은 무엇입니까?

성령의 감동으로 기록된 하나님의 정확하고 오류가 없는 말씀입니다(딤후 3:16, 히 4:12).

시 19:1~2 [1]하늘이 하나님의 영광을 선포하고 궁창이 그의 손으로 하신 일을 나타내는도다 [2]날은 날에게 말하고 밤은 밤에게 지식을 전하니

롬 1:20 창세로부터 그의 보이지 아니하는 것들 곧 그의 영원하신 능력과 신성이 그가 만드신 만물에 분명히 보여 알려졌나니 그러므로 그들이 핑계하지 못할지니라

딤후 3:14~17 [14]그러나 너는 배우고 확신한 일에 거하라 너는 네가 누구에게서 배운 것을 알며 [15]또 어려서부터 성경을 알았나니 성경은 능히 너로 하여금 그리스도 예수 안에 있는 믿음으로 말미암아 구원에 이르는 지혜가 있게 하느니라 [16]모든 성경은 하나님의 감동으로 된 것으로 교훈과 책망과 바르게 함과 의로 교육하기에 유익하니 [17]이는 하나님의 사람으로 온전하게 하며 모든 선한 일을 행할 능력을 갖추게 하려 함이라

딤후 3:16 모든 성경은 하나님의 감동으로 된 것으로 교훈과 책망과 바르게 함과 의로 교육하기에 유익하니

히 4:12 하나님의 말씀은 살아 있고 활력이 있어 좌우에 날선 어떤 검보다도 예리하여 혼과 영과 및 관절과 골수를 찔러 쪼개기까지 하며 또 마음의 생각과 뜻을 판단하나니

6. 구약을 크게 나누면 어떻게 구분합니까?

(1) 율법서(모세오경: 창세기, 출애굽기, 레위기, 민수기, 신명기)

(2) 역사서(여호수아, 사사기, 룻기, 사무엘상 · 하, 열왕기상 · 하, 역대상 · 하, 에스라, 느헤미야, 에스더)

(3) 시가서(욥기, 시편, 잠언, 전도서, 아가)

(4) 선지서(이사야, 예레미야, 예레미야애가, 에스겔, 다니엘, 호세아, 요엘, 아모스, 오바댜, 요나, 미가, 나훔, 하박국, 스바냐, 학개, 스가랴, 말라기)입니다.

7. 신약을 크게 나누면 어떻게 구분합니까?

(1) 4복음서(마태복음, 마가복음, 누가복음, 요한복음)

(2) 역사서(사도행전)

(3) 서신서(로마서, 고린도전 · 후서, 갈라디아서, 에베소서, 빌립보서, 골로새서, 데살로니가전 · 후서, 디모데전 · 후서, 디도서, 빌레몬서, 히브리서, 야고보서, 베드로전 · 후서, 요한 1, 2, 3서, 유다서)

(4) 예언서(요한계시록)입니다.

제3장 하나님의 사역과 속성

8. 하나님은 누구십니까?

하나님은 영이시며(요 4:24) 창조주와 구속주이시며 심판주이십니다.

9. 하나님은 무엇을 창조하셨습니까?

천지와 만물을 그의 말씀으로, 무(無)에서부터 창조하셨습니다.

10. 하나님은 사람을 지으신 후 무엇을 명하셨습니까?

땅을 채우고(fill) 땅과 모든 생물을 다스리라(rule)고 하셨습니다(창 1:28).

11. 하나님은 만물을 어떻게 다스리십니까?

하나님의 선하신 뜻에 따라 그의 지혜와 권능으로 하십니다(시 36:6, 103:19).

요 4:24 하나님은 영이시니 예배하는 자가 영과 진리로 예배할지니라

창 1:28 하나님이 그들에게 복을 주시며 하나님이 그들에게 이르시되 생육하고 번성하여 땅에 충만하라, 땅을 정복하라, 바다의 물고기와 하늘의 새와 땅에 움직이는 모든 생물을 다스리라 하시니라

시 36:6 주의 의는 하나님의 산들과 같고 주의 심판은 큰 바다와 같으니이다 여호와여 주는 사람과 짐승을 구하여 주시나이다

시 103:19 여호와께서 그의 보좌를 하늘에 세우시고 그의 왕권으로 만유를 다스리시도다

12. 하나님은 창세 전에 무엇을 예정하셨습니까?

예수 그리스도 안에서 우리를 택하시고 구원하기로 하셨습니다(엡 1:4~5).

13. 하나님만이 가지시는 특성은 무엇입니까?

(1) 스스로 계심(자존성, 自存性)
(시 115:3, 출 3:14)

(2) 변함이 없으심(불변성, 不變性)
(약 1:17, 히 6:17)

(3) 완전하심(완전성, 完全性)
(시 18:30, 시 19:7)

엡 1:4~5 4곧 창세 전에 그리스도 안에서 우리를 택하사 우리로 사랑 안에서 그 앞에 거룩하고 흠이 없게 하시려고 5그 기쁘신 뜻대로 우리를 예정하사 예수 그리스도로 말미암아 자기의 아들들이 되게 하셨으니

시 115:3 오직 우리 하나님은 하늘에 계셔서 원하시는 모든 것을 행하셨나이다

출 3:14 하나님이 모세에게 이르시되 나는 스스로 있는 자이니라 또 이르시되 너는 이스라엘 자손에게 이같이 이르기를 스스로 있는 자가 나를 너희에게 보내셨다 하라

약 1:17 온갖 좋은 은사와 온전한 선물이 다 위로부터 빛들의 아버지께로부터 내려오나니 그는 변함도 없으시고 회전하는 그림자도 없으시니라

히 6:17 하나님은 약속을 기업으로 받는 자들에게 그 뜻이 변하지 아니함을 충분히 나타내시려고 그 일을 맹세로 보증하셨나니

시 18:30 하나님의 도는 완전하고 여호와의 말씀은 순수하니 그는 자기에게 피하는 모든 자의 방패시로다

시 19:7 여호와의 율법은 완전하여 영혼을 소성시키며 여호와의 증거는 확실하여 우둔한 자를 지혜롭게 하며

(4) 영원하심(영원성, 永遠性)
(느 9:5, 벧후 1:11)
(5) 모든 것을 아심(전지성, 全知性)
(대상 28:9, 요 2:25)
(6) 모든 것에 능하심(전능성, 全能性)
(사 9:6, 고후 6:18)

14. 하나님의 도덕적 품성은 무엇입니까?

(1) 거룩함(聖) (벧전 1:16, 레 11:44)

느 9:5 또 레위 사람 예수아와 갓미엘과 바니와 하삽느야와 세레뱌와 호디야와 스바냐와 브다히야는 이르기를 너희 무리는 마땅히 일어나 영원부터 영원까지 계신 너희 하나님 여호와를 송축할지어다 주여 주의 영화로운 이름을 송축하올 것은 주의 이름이 존귀하여 모든 송축이나 찬양에서 뛰어남이니이다
벧후 1:11 이같이 하면 우리 주 곧 구주 예수 그리스도의 영원한 나라에 들어감을 넉넉히 너희에게 주시리라
대상 28:9 내 아들 솔로몬아 너는 네 아버지의 하나님을 알고 온전한 마음과 기쁜 뜻으로 섬길지어다 여호와께서는 모든 마음을 감찰하사 모든 의도를 아시나니 네가 만일 그를 찾으면 만날 것이요 만일 네가 그를 버리면 그가 너를 영원히 버리시리라
요 2:25 또 사람에 대하여 누구의 증언도 받으실 필요가 없었으니 이는 그가 친히 사람의 속에 있는 것을 아셨음이니라
사 9:6 이는 한 아기가 우리에게 났고 한 아들을 우리에게 주신 바 되었는데 그의 어깨에는 정사를 메었고 그의 이름은 기묘자라, 모사라, 전능하신 하나님이라, 영존하시는 아버지라, 평강의 왕이라 할 것임이라
고후 6:8 영광과 욕됨으로 그러했으며 악한 이름과 아름다운 이름으로 그러했느니라 우리는 속이는 자 같으나 참되고
벧전 1:16 기록되었으되 내가 거룩하니 너희도 거룩할지어다 하셨느니라
레 11:44 나는 여호와 너희의 하나님이라 내가 거룩하니 너희도 몸을 구별하여 거룩하게 하고 땅에 기는 길짐승으로 말미암아 스스로 더럽히지 말라

(2) 의로움(義) (롬 3:26, 출 9:27)
(3) 진실함(眞) (롬 15:8, 시 146:6)
(4) 선하심(善) (마 20:15, 시 34:8)
(5) 사랑(愛) (요일 4:7, 말 1:2)

제4장 사탄의 시험과 인간의 범죄

15. 최초의 사람 아담은 어떻게 범죄하게 되었습니까?

(1) 순종이나 불순종할 자유의지가 있었는데

롬 3:26 곧 이 때에 자기의 의로우심을 나타내사 자기도 의로우시며 또한 예수 믿는 자를 의롭다 하려 하심이라
출 9:27 바로가 사람을 보내어 모세와 아론을 불러 그들에게 이르되 이번은 내가 범죄하였노라 여호와는 의로우시고 나와 나의 백성은 악하도다
롬 15:8 내가 말하노니 그리스도께서 하나님의 진실하심을 위하여 할례의 추종자가 되셨으니 이는 조상들에게 주신 약속들을 견고하게 하시고
시 146:6 여호와는 천지와 바다와 그 중의 만물을 지으시며 영원히 진실함을 지키시며
마 20:15 내 것을 가지고 내 뜻대로 할 것이 아니냐 내가 선하므로 네가 악하게 보느냐
시 34:8 너희는 여호와의 선하심을 맛보아 알지어다 그에게 피하는 자는 복이 있도다
요일 4:7 사랑하는 자들아 우리가 서로 사랑하자 사랑은 하나님께 속한 것이니 사랑하는 자마다 하나님으로부터 나서 하나님을 알고
말 1:2 여호와께서 이르시되 내가 너희를 사랑하였노라 하나 너희는 이르기를 주께서 어떻게 우리를 사랑하셨나이까 하는도다 나 여호와가 말하노라 에서는 야곱의 형이 아니냐 그러나 내가 야곱을 사랑하였고

(2) 뱀(사탄)의 시험을 받아

(3) 하나님의 말씀을 불순종함으로 범죄하였습니다.

16. 아담의 범죄 이후 죄 없는 자가 얼마나 있습니까?

하나도 없습니다(롬 3:10).

17. 범죄하여 타락한 인류는 어떤 상태에 이르게 되었습니까?

(1) 하나님을 떠나 비참한 죄인의 상태에 놓이게 되었고

(2) 하나님의 진노와 저주를 받아 죽음에 이르렀으며

(3) 전적으로 무능하고 부패하게 되었습니다(창 3:8, 롬 5:14).

18. 죄는 어떤 종류가 있습니까?

(1) 아담이 지은 원죄(原罪)와

롬 3:10 기록된 바 의인은 없나니 하나도 없으며

창 3:8 그들이 그 날 바람이 불 때 동산에 거니시는 여호와 하나님의 소리를 듣고 아담과 그의 아내가 여호와 하나님의 낯을 피하여 동산 나무 사이에 숨은지라

롬 5:14 그러나 아담으로부터 모세까지 아담의 범죄와 같은 죄를 짓지 아니한 자들까지도 사망이 왕 노릇 하였나니 아담은 오실 자의 모형이라

(2) 아담의 후손들이 스스로 짓는 죄, 곧 자범죄(自犯罪)가 있습니다.

19. 자범죄의 구체적 내용은 무엇입니까?

(1) 내적 마음의 죄, 즉 교만, 질투, 증오, 악한 욕망 등과(렘 17:9)

(2) 외적 행동의 죄, 즉 사기, 도둑질, 간음, 살인 등입니다(마 15:19).

20. 멸망 받을 인생에게 유일한 소망은 무엇입니까?

(1) 회개하고 예수 그리스도를 믿음으로 (막 1:15)

(2) 멸망에서 구원 받는 것입니다 (행 16:31).

렘 17:9 만물보다 거짓되고 심히 부패한 것은 마음이라 누가 능히 이를 알리요마는

마 15:19 마음에서 나오는 것은 악한 생각과 살인과 간음과 음란과 도둑질과 거짓 증언과 비방이니

막 1:15 이르시되 때가 찼고 하나님의 나라가 가까이 왔으니 회개하고 복음을 믿으라 하시더라

행 16:31 이르되 주 예수를 믿으라 그리하면 너와 네 집이 구원을 받으리라 하고

제5장 예수님의 사역과 구원의 완성

21. 예수님은 어떻게 잉태되었습니까?

(1) 동정녀 마리아의 몸에서
(2) 성령으로 잉태되었습니다
(마 1:18).

22. 예수 그리스도의 두 성품은 무엇입니까?

(1) 참 하나님이시며 참 사람이시므로
(2) 신성(神性)과 인성(人性)이 있습니다.
(3) 이 두 성품이 예수 그리스도의 한 인격 속에 연합되어 있습니다.

23. 신성과 인성은 무엇입니까?

(1) 신성은 하나님의 성품이고
(2) 인성은 사람의 성품입니다.

24. 예수님의 인성이 우리와 다른 점은 무엇입니까?

(1) 우리의 성품과 동일하나

마 1:18 예수 그리스도의 나심은 이러하니라 그의 어머니 마리아가 요셉과 약혼하고 동거하기 전에 성령으로 잉태된 것이 나타났더니

(2) 죄는 없으십니다(히 4:15, 요일 3:5).

25. 예수님의 열두 제자 이름은 무엇입니까?
베드로, 안드레, 야고보, 요한, 빌립, 바돌로매, 도마, 마태, 야고보, 다대오, 시몬, 가룟 유다(마 10:2~4)입니다.

26. 예수 그리스도의 세 가지 직분은 무엇입니까?
(1) 선지자의 직분(요 6:14)
(2) 제사장의 직분(히 10:21)
(3) 왕의 직분입니다(계 19:16).

히 4:15 우리에게 있는 대제사장은 우리의 연약함을 동정하지 못하실 이가 아니요 모든 일에 우리와 똑같이 시험을 받으신 이로되 죄는 없으시니라
요일 3:5 그가 우리 죄를 없애려고 나타나신 것을 너희가 아나니 그에게는 죄가 없느니라
마 10:2~4 [2]열두 사도의 이름은 이러하니 베드로라 하는 시몬을 비롯하여 그의 형제 안드레와 세베대의 아들 야고보와 그의 형제 요한, [3]빌립과 바돌로매, 도마와 세리 마태, 알패오의 아들 야고보와 다대오, [4]가나나인 시몬 및 가룟 유다 곧 예수를 판 자라
요 6:14 그 사람들이 예수께서 행하신 이 표적을 보고 말하되 이는 참으로 세상에 오실 그 선지자라 하더라
히 10:21 또 하나님의 집 다스리는 큰 제사장이 계시매
계 19:16 그 옷과 그 다리에 이름을 쓴 것이 있으니 만왕의 왕이요 만주의 주라 하였더라

27. 예수님은 선지자의 직분을 어떻게 행하셨습니까?

(1) 하나님의 뜻을 가르치고
(2) 세상의 죄를 지적하며
(3) 하나님의 심판과 구원을 선포하셨습니다.

28. 예수님은 제사장의 직분을 어떻게 행하셨습니까?

(1) 영원한 대제사장으로 우리 죄를 위해 단번에 자기 몸을 화목제물로 드리셨고(히 9:28)
(2) 지금도 우리를 위하여 항상 중보의 기도를 하십니다(히 7:25).

29. 예수님은 왕의 직분을 어떻게 행하셨습니까?

(1) 세상을 다스리시고 보호하시며
(2) 모든 원수를 이기십니다.

히 9:28 이와 같이 그리스도도 많은 사람의 죄를 담당하시려고 단번에 드리신 바 되셨고 구원에 이르게 하기 위하여 죄와 상관 없이 자기를 바라는 자들에게 두 번째 나타나시리라

히 7:25 그러므로 자기를 힘입어 하나님께 나아가는 자들을 온전히 구원하실 수 있으니 이는 그가 항상 살아 계셔서 그들을 위하여 간구하심이라

30. **그리스도의 낮아지신 신분의 모습은 무엇입니까?**

(1) 성육신

(2) 율법에 순종하심

(3) 고난 받으심

(4) 십자가에서 죽으심

(5) 그리고 장사되심입니다.

31. **그리스도의 높아지신 신분의 모습은 무엇입니까?**

(1) 부활

(2) 승천

(3) 하나님 우편에서 다스리심

(4) 그리고 세상 끝 날에 심판주로 이 땅에 재림하시는 것입니다.

32. **예수님의 지상 사역을 기록한 책은 무엇입니까?**

4복음서, 즉 마태복음, 마가복음, 누가복음, 요한복음입니다.

33. **예수님은 어떻게 구원을 완성했습니까?**

(1) 성육신하시고

(2) 3년 동안 하나님 나라의 복음을 전하시고

(3) 율법에 순종하시고
(4) 십자가에 죽으시고
(5) 3일 만에 무덤에서 부활하시고
(6) 승천하심으로 완성하셨습니다.

34. 구원받은 성도들은 어떻게 살아야 합니까?
(1) 예수를 위해 살고
(2) 복음을 전하며
(3) 말씀에 따라 살아야 합니다.

제6장 성령의 사역과 성도의 구원

35. 우리의 구원은 어떻게 시작됩니까?
하나님의 예정과 성령의 부르심으로 시작됩니다.

36. 성령은 무엇을 깨닫게 합니까?
하나님의 말씀과 우리의 죄 및 그 죄의 비참함을 깨닫게 합니다.

37. 누가 우리를 거듭나게 합니까?
성령께서 하십니다(요 3:5).

요 3:5 예수께서 대답하시되 진실로 진실로 네게 이르노니 사람이 물과 성령으로 나지 아니하면 하나님의 나라에 들어갈 수 없느니라

38. 성령께서 우리를 무엇으로 거듭나게 하십니까?

하나님의 말씀으로 하십니다(벧전 1:23).

39. 진정한 회개는 무엇입니까?

(1) 성령께서 깨닫게 하심으로

(2) 자기의 죄를 뉘우치고

(3) 예수 그리스도께로 나아오는 것입니다.

40. 회개의 3대 요소는 무엇입니까?

(1) 지적 요소: 죄를 깨달음(롬 3:20)

(2) 감성적 요소: 죄를 슬퍼함(약 4:9~10)

(3) 의지적 요소: 예수께로 나아옴(롬 2:4)

41. 성령께서 어떻게 은혜를 주십니까?

(1) 말씀

(2) 성례

벧전 1:23 너희가 거듭난 것은 썩어질 씨로 된 것이 아니요 썩지 아니할 씨로 된 것이니 살아 있고 항상 있는 하나님의 말씀으로 되었느니라

롬 3:20 그러므로 율법의 행위로 그의 앞에 의롭다 하심을 얻을 육체가 없나니 율법으로는 죄를 깨달음이니라

약 4:9~10 [9]슬퍼하며 애통하며 울지어다 너희 웃음을 애통으로, 너희 즐거움을 근심으로 바꿀지어다 [10]주 앞에서 낮추라 그리하면 주께서 너희를 높이시리라

롬 2:4 혹 네가 하나님의 인자하심이 너를 인도하여 회개하게 하심을 알지 못하여 그의 인자하심과 용납하심과 길이 참으심이 풍성함을 멸시하느냐

(3) 기도를 통해 주십니다.

42. 죄인이 어떻게 의롭다 여김을 받을 수 있습니까?

(1) 하나님의 은혜로
(by the grace of God)

(2) 예수 그리스도를 믿음으로
(through faith) 받을 수 있습니다
(갈 2:16, 롬 3:26).

43. 성화란 무엇입니까?

(1) 성령께서 하시는 계속적이고 은혜로운 일로

(2) 죄인을 깨끗하게 하시고

(3) 날마다 새롭게 하시며

(4) 우리로 선한 일을 할 수 있게 하는 것입니다(살전 5:23).

갈 2:16 사람이 의롭게 되는 것은 율법의 행위로 말미암음이 아니요 오직 예수 그리스도를 믿음으로 말미암는 줄 알므로 우리도 그리스도 예수를 믿나니 이는 우리가 율법의 행위로써가 아니고 그리스도를 믿음으로써 의롭다 함을 얻으려 함이라 율법의 행위로써는 의롭다 함을 얻을 육체가 없느니라

롬 3:26 곧 이 때에 자기의 의로우심을 나타내사 자기도 의로우시며 또한 예수 믿는 자를 의롭다 하려 하심이라

살전 5:23 평강의 하나님이 친히 너희를 온전히 거룩하게 하시고 또 너희의 온 영과 혼과 몸이 우리 주 예수 그리스도께서 강림하실 때에 흠 없게 보전되기를 원하노라

44. 성도가 구원 받는 순서는 어떠합니까?

(1) 소명(召命, 부르심)
(2) 중생(重生, 거듭남)
(3) 회개(悔改, 돌이킴)
(4) 신앙(信仰, 믿음)
(5) 칭의(稱義, 의롭다 함을 받음)
(6) 수양(收養, 자녀 됨)
(7) 성화(聖化, 거룩하게 되어감)
(8) 성도의 견인(堅忍, 끝까지 지켜짐)
(9) 영화(榮華, 영광스럽게 됨)

제7장 교회와 성도의 교회생활

45. 교회란 무엇입니까?

(1) 하나님의 백성들의 모임이며,
(2) 그리스도의 몸이고 나라이며,
(3) 성령의 전입니다.

46. 교회는 몇 개입니까?

(1) 그리스도의 몸 된 교회는 하나입니다.
(2) 그리스도의 몸의 지체 된 많은 지(支) 교회들이 있습니다.

47. 지상교회와 천상교회는 무엇입니까?

(1) 지상교회는 이 땅 위에서 구원을 이루어 가는 교회이며

(2) 천상교회는 하늘에서 승리의 찬송을 부르는 교회입니다.

(3) 지상교회와 천상교회는 그리스도 안에서 하나입니다.

48. 유형교회와 무형교회는 무엇입니까?

(1) 유형교회는 참 신앙을 고백하는 자들과 그들의 자녀들의 공동체이고

(2) 무형교회는 하나님의 택하심을 받은 성도들의 공동체입니다.

49. 교회의 외적 특징(표지) 세 가지는 무엇입니까?

(1) 말씀의 바른 전파(요일 4:1~3)

요일 4:1~3 1사랑하는 자들아 영을 다 믿지 말고 오직 영들이 하나님께 속하였
나 분별하라 많은 거짓 선지자가 세상에 나왔음이라 2이로써 너희가 하나님의 영
을 알지니 곧 예수 그리스도께서 육체로 오신 것을 시인하는 영마다 하나님께 속
한 것이요 3예수를 시인하지 아니하는 영마다 하나님께 속한 것이 아니니 이것이
곧 적그리스도의 영이니라 오리라 한 말을 너희가 들었거니와 지금 벌써 세상에
있느니라

(2) 성례의 바른 집행(고전 11:23~29)
(3) 권징의 바른 시행입니다(고전 5:1~5).

50. 교회는 왜 권징(勸懲, discipline)을 시행해야 합니까?

교회의 거룩성을 유지하고 향상시키기 위해서입니다(딛 3:10~11).

51. 예수님은 교회와 어떤 관계가 있습니까?

(1) 예수님은 교회의 머리가 되시고

고전 11:23~29 23내가 너희에게 전한 것은 주께 받은 것이니 곧 주 예수께서 잡히
시던 밤에 떡을 가지사 24축사하시고 떼어 이르시되 이것은 너희를 위하는 내 몸이
니 이것을 행하여 나를 기념하라 하시고 25식후에 또한 그와 같이 잔을 가지시고 이
르시되 이 잔은 내 피로 세운 새 언약이니 이것을 행하여 마실 때마다 나를 기념하
라 하셨으니 26너희가 이 떡을 먹으며 이 잔을 마실 때마다 주의 죽으심을 그가 오실
때까지 전하는 것이니라 27그러므로 누구든지 주의 떡이나 잔을 합당하지 않게 먹
고 마시는 자는 주의 몸과 피에 대하여 죄를 짓는 것이니라 28사람이 자기를 살피고
그 후에야 이 떡을 먹고 이 잔을 마실지니 29주의 몸을 분별하지 못하고 먹고 마시는
자는 자기의 죄를 먹고 마시는 것이니라
고전 5:1~5 1너희 중에 심지어 음행이 있다 함을 들으니 그런 음행은 이방인 중에
서도 없는 것이라 누가 그 아버지의 아내를 취하였다 하는도다 2그리하고도 너희가
오히려 교만하여져서 어찌하여 통한히 여기지 아니하고 그 일 행한 자를 너희 중에
서 쫓아내지 아니하였느냐 3내가 실로 몸으로는 떠나 있으나 영으로는 함께 있어서
거기 있는 것 같이 이런 일 행한 자를 이미 판단하였노라 4주 예수의 이름으로 너희
가 내 영과 함께 모여서 우리 주 예수의 능력으로 5이런 자를 사탄에게 내주었으니
이는 육신은 멸하고 영은 주 예수의 날에 구원을 받게 하려 함이라
딛 3:10~11 10이단에 속한 사람을 한두 번 훈계한 후에 멀리하라 11이러한 사람은
네가 아는 바와 같이 부패하여 스스로 정죄한 자로서 죄를 짓느니라

(2) 모든 권위의 근원이 되시며
(3) 말씀과 성령으로 교회를 다스리시는 주님이 되십니다.

52. 교회의 3대 영적 권세는 무엇입니까?

(1) 교훈권, 즉 진리를 지키고 계승하는 권세(딤후 1:13)와
(2) 치리권, 즉 교회의 모든 일을 질서 있고 바르게 하는 권세(고전 14:33)와
(3) 봉사권, 즉 가난한 자와 병든 자를 돌아보는 권세(행 6:1~6)입니다.

딤후 1:13 너는 그리스도 예수 안에 있는 믿음과 사랑으로써 내게 들은 바 바른 말을 본받아 지키고

고전 14:33 하나님은 무질서의 하나님이 아니시요 오직 화평의 하나님이시니라 모든 성도가 교회에서 함과 같이

행 6:1~6 [1]그 때에 제자가 더 많아졌는데 헬라파 유대인들이 자기의 과부들이 매
일의 구제에 빠지므로 히브리파 사람을 원망하니 [2]열두 사도가 모든 제자를 불러 이
르되 우리가 하나님의 말씀을 제쳐 놓고 접대를 일삼는 것이 마땅하지 아니하니 [3]형
제들아 너희 가운데서 성령과 지혜가 충만하여 칭찬 받는 사람 일곱을 택하라 우리
가 이 일을 그들에게 맡기고 [4]우리는 오로지 기도하는 일과 말씀 사역에 힘쓰리라
하니 [5]온 무리가 이 말을 기뻐하여 믿음과 성령이 충만한 사람 스데반과 또 빌립과
브로고로와 니가노르와 디몬과 바메나와 유대교에 입교했던 안디옥 사람 니골라를
택하여 [6]사도들 앞에 세우니 사도들이 기도하고 그들에게 안수하니라

53. 장로회 정치란 무엇입니까?

(1) 주권이 그리스도께 있는 섬기는 정치로서

(2) 지(支)교회 교인들이 장로를 선택하여 당회를 조직하고 그 당회로 치리권을 행사하게 하는 주권이 교인들에게 있는 민주적인 정치입니다.

54. 장로회 정치의 제도에는 어떤 것들이 있습니까?

지(支)교회의 당회와 노회와 대회와 총회입니다.

55. 우리 교회는 어떠한 교단과 노회에 소속되어 있습니까?

대한예수교장로회(합동) 교단과 ○○노회입니다.

56. 우리 교회의 조직은 무엇입니까?

공동의회와 당회와 제직회입니다.

57. 우리 교회 담임 목사님의 이름은 무엇이며 교회 내에서 그의 역할은 무엇입니까?

(1) ○○○목사님이며

(2) 교회를 대표하여 목회하며
(3) 공동의회, 당회와 제직회를 인도합니다.

58. 주일에 금할 일과 힘써야 할 일은 무엇입니까?

(1) 일상적인 생업이나 상거래의 일, 세속적인 쾌락이나 세상의 염려와 속된 말은 삼가고
(2) 예배와 전도, 성경 연구와 기도, 환자 위문 등 생명을 살리는 일과 신앙 서적 읽기 등은 힘써야 할 일입니다.

59. 예배 시간 전에 누구를 위해 기도해야 합니까?

자신과 타인을 위해 기도하되 특히 말씀을 전할 목사를 위해 기도하며 예배를 준비해야 합니다.

60. 예배 시간에 취할 태도는 무엇입니까?

(1) 잡담 혹은 산만한 태도를 피하고
(2) 단정한 태도로 예배에 집중해야 합니다.

61. 예배 시간에 드리는 공기도의 내용은 무엇입니까?

(1) 하나님께 영광 드림
(2) 하나님의 은혜에 감사함
(3) 참된 회개
(4) 하나님의 은혜와 복을 간구함
(5) 가정, 교회, 국가, 세계를 위해 기도함
(6) 예수님의 이름으로 기도를 마침

62. 교인은 물질을 어떻게 사용해야 합니까?

모든 물질은 주님께 받은 것이므로 주님의 선한 일에 아름답게 사용해야 합니다.

63. 교인은 어떻게 경제적으로 협조해야 합니까?

교회의 모든 재정과 사업에 성심껏 협조해야 합니다.

64. 헌금은 어떻게 드려야 합니까?

(1) 십일조와 감사헌금을 기준으로 (말 3:10)

말 3:10 만군의 여호와가 이르노라 너희의 온전한 십일조를 창고에 들여 나의 집에 양식이 있게 하고 그것으로 나를 시험하여 내가 하늘 문을 열고 너희에게 복을 쌓을 곳이 없도록 붓지 아니하나 보라

(2) 몸과 마음과 정성을 다해 감사함으로 드려야 합니다.

65. 교인의 의무는 무엇입니까?

(1) 예배와 집회 출석

(2) 교회 일에 참여

(3) 주님의 일에 대한 재정적 책임

(4) 성경의 교훈을 힘써 행하며

(5) 교회 헌법에 순종할 의무가 있습니다.

66. 교인(세례, 입교)의 권리는 무엇입니까?

(1) 교회의 정회원이 되며

(2) 교회 헌법에 따라 청원, 소원, 상소할 권리가 있으며

(3) 교회 법규를 따라 선거 및 피선거권이 있으며

(4) 성찬에 참여할 권한이 있고

(5) 교회를 위해 봉사할 특권이 있습니다.

제8장 인류 역사의 종말과 그리스도의 재림

67. 이 땅에서의 삶은 어떻게 끝이 납니까?
육체적인 죽음으로 끝이 납니다.

68. 육체적인 죽음이란 무엇입니까?
(1) 영혼과 육체의 분리이고
(전 12:7, 약 2:26)
(2) 육체적인 생명의 끝입니다
(창 3:19, 전 3:1~2).

69. 사람은 왜 죽음에 이르게 됩니까?
죄 때문입니다(롬 6:23).

70. 성도의 죽음은 어떤 것입니까?
(1) 형벌이 아니고

전 12:7 흙은 여전히 땅으로 돌아가고 영은 그것을 주신 하나님께로 돌아가기 전에 기억하라
약 2:26 영혼 없는 몸이 죽은 것 같이 행함이 없는 믿음은 죽은 것이니라
창 3:19 네가 흙으로 돌아갈 때까지 얼굴에 땀을 흘려야 먹을 것을 먹으리니 네가 그것에서 취함을 입었음이라 너는 흙이니 흙으로 돌아갈 것이니라 하시니라
전 3:1~2 [1]범사에 기한이 있고 천하 만사가 다 때가 있나니 [2]날 때가 있고 죽을 때가 있으며 심을 때가 있고 심은 것을 뽑을 때가 있으며
롬 6:23 죄의 삯은 사망이요 하나님의 은사는 그리스도 예수 우리 주 안에 있는 영생이니라

(2) 영혼이 육체를 벗어나 하나님께 가는 것입니다(고전 15:55~57).

71. 사람이 죽으면 어디로 갑니까?

(1) 악인은 저주를 받아 지옥으로 가고 (시 9:17, 눅 16:23)

(2) 성도는 구원을 받아 천국으로 갑니다 (눅 23:43).

72. 지옥과 천국은 어떤 곳입니까?

(1) 지옥은 마귀와 귀신들과 불신자들이 형벌을 받는 곳이고

(2) 천국은 하나님과 천사와 성도들이 거하는 복된 곳입니다.

고전 15:55~57 [55]사망아 너의 승리가 어디 있느냐 사망아 네가 쏘는 것이 어디 있느냐 [56]사망이 쏘는 것은 죄요 죄의 권능은 율법이라 [57]우리 주 예수 그리스도로 말미암아 우리에게 승리를 주시는 하나님께 감사하노니

시 9:17 악인들이 스올로 돌아감이여 하나님을 잊어버린 모든 이방 나라들이 그리하리로다

눅 16:23 그가 음부에서 고통중에 눈을 들어 멀리 아브라함과 그의 품에 있는 나사로를 보고

눅 23:43 예수께서 이르시되 내가 진실로 네게 이르노니 오늘 네가 나와 함께 낙원에 있으리라 하시니라

73. 한 번 죽은 육체는 어떻게 됩니까?

(1) 흙으로 돌아갑니다.

(2) 그러나 예수 그리스도의 재림 시 영혼과 다시 결합합니다.

(3) 그 후 신자는 생명의 부활에 이르고, 불(不)신자는 심판의 부활에 이르게 됩니다(요 5:28~29).

74. 인류 역사의 종말은 언제입니까?

그리스도의 재림이 있는 때입니다.

75. 재림 전에 무슨 사건들이 있습니까?

(1) 전 세계의 복음 전파(마 24:14)

(2) 이스라엘의 회심(롬 11:25~29)

요 5:28~29 [28]이를 놀랍게 여기지 말라 무덤 속에 있는 자가 다 그의 음성을 들을
때가 오나니 [29]선한 일을 행한 자는 생명의 부활로, 악한 일을 행한 자는 심판의 부
활로 나오리라

마 24:14 이 천국 복음이 모든 민족에게 증언되기 위하여 온 세상에 전파되리니
그제야 끝이 오리라

롬 11:25~29 [25]형제들아 너희가 스스로 지혜 있다 하면서 이 신비를 너희가 모
르기를 내가 원하지 아니하노니 이 신비는 이방인의 충만한 수가 들어오기까지 이
스라엘의 더러는 우둔하게 된 것이라 [26]그리하여 온 이스라엘이 구원을 받으리라
기록된 바 구원자가 시온에서 오사 야곱에게서 경건하지 않은 것을 돌이키시겠고
[27]내가 그들의 죄를 없이 할 때에 그들에게 이루어질 내 언약이 이것이라 함과 같으
니라 [28]복음으로 하면 그들이 너희로 말미암아 원수 된 자요 택하심으로 하면 조상들
로 말미암아 사랑을 입은 자라 [29]하나님의 은사와 부르심에는 후회하심이 없느니라

(3) 큰 배도(背道)와 큰 재난(마 24:12, 딤후 3:1~7)
(4) 적(敵)그리스도의 출현(요일 2:18)
(5) 표적과 기사 즉 전쟁, 기근, 지진, 하늘의 징조(마 24:29~30) 등이 있습니다.

76. 그리스도는 언제 재림하십니까?

(1) 그 날과 그 시는 아무도 알 수 없으나 (마 24:36)

마 24:12 불법이 성하므로 많은 사람의 사랑이 식어지리라
딤후 3:1~7 [1]너는 이것을 알라 말세에 고통하는 때가 이르러 [2]사람들이 자기를 사
랑하며 돈을 사랑하며 자랑하며 교만하며 비방하며 부모를 거역하며 감사하지 아
니하며 거룩하지 아니하며 [3]무정하며 원통함을 풀지 아니하며 모함하며 절제하지
못하며 사나우며 선한 것을 좋아하지 아니하며 [4]배신하며 조급하며 자만하며 쾌락
을 사랑하기를 하나님 사랑하는 것보다 더하며 [5]경건의 모양은 있으나 경건의 능력
은 부인하니 이같은 자들에게서 네가 돌아서라 [6]그들 중에 남의 집에 가만히 들어가
어리석은 여자를 유인하는 자들이 있으니 그 여자는 죄를 중히 지고 여러 가지 욕심
에 끌린 바 되어 [7]항상 배우나 끝내 진리의 지식에 이를 수 없느니라
요일 2:18 아이들아 지금은 마지막 때라 적그리스도가 오리라는 말을 너희가 들은 것과 같이 지금도 많은 적그리스도가 일어났으니 그러므로 우리가 마지막 때인 줄 아노라
마 24:29~30 [29]그 날 환난 후에 즉시 해가 어두워지며 달이 빛을 내지 아니하며 별
들이 하늘에서 떨어지며 하늘의 권능들이 흔들리리라 [30]그 때에 인자의 징조가 하
늘에서 보이겠고 그 때에 땅의 모든 족속들이 통곡하며 그들이 인자가 구름을 타고
능력과 큰 영광으로 오는 것을 보리라
마 24:36 그러나 그 날과 그 때는 아무도 모르나니 하늘의 천사들도, 아들도 모르고 오직 아버지만 아시느니라

(2) 하나님이 정하신 때에 반드시 오시며
(3) 그 날이 가까워옵니다(약 5:9).

77. 그리스도는 어떤 모습으로 재림하십니까?
(1) 육체적으로
(2) 눈으로 볼 수 있게(행 1:11)
(3) 영광 중에 재림하십니다(살후 1:10).

78. 그리스도께서 재림하시는 목적은 무엇입니까?
신자에게는 영원한 상을, 불신자에게는 영원한 벌을 주시기 위함입니다 (롬 2:6~8).

약 5:9 형제들아 서로 원망하지 말라 그리하여야 심판을 면하리라 보라 심판주가 문 밖에 서 계시니라
행 1:11 이르되 갈릴리 사람들아 어찌하여 서서 하늘을 쳐다보느냐 너희 가운데서 하늘로 올려지신 이 예수는 하늘로 가심을 본 그대로 오시리라 하였느니라
살후 1:10 그 날에 그가 강림하사 그의 성도들에게서 영광을 받으시고 모든 믿는 자들에게서 놀랍게 여김을 얻으시리니 이는 (우리의 증거가 너희에게 믿어졌음이라)
롬 2:6~8 [6]하나님께서 각 사람에게 그 행한 대로 보응하시되 [7]참고 선을 행하여 영광과 존귀와 썩지 아니함을 구하는 자에게는 영생으로 하시고 [8]오직 당을 지어 진리를 따르지 아니하고 불의를 따르는 자에게는 진노와 분노로 하시리라

제9장 세례와 성찬 예식

79. 성례란 무엇입니까?

(1) 그리스도께서 세우신 새 언약의 의식입니다.

(2) 세례와 성찬이 있습니다.

80. 세례의 뜻은 무엇입니까?

'죄를 씻는다'는 뜻입니다.

81. 세례는 무엇으로 행합니까?

물로 행합니다.

82. 세례에는 몇 가지 방식이 있습니까?

(1) 물을 뿌림과 물을 쏟아 부음과 침례 세 가지 방식이 있습니다.

(2) 이들은 모두 상징적인 것으로 아무런 차이가 없습니다.

(3) 장로교는 물을 뿌리는 세례 의식을 행합니다.

83. 세례를 받음으로 어떠한 효과가 세례 받는 자에게 나타납니까?

(1) 죄 사함

(2) 그리스도와의 연합

84. 세례는 무슨 표(표징)입니까?

(1) 죄 사함과 그리스도와 연합된 표이고

(2) 하나님의 영원한 새 언약의 백성이 되었다는 성령의 인치심을 받았다는 표입니다.

(3) 그러므로 세례는 일생에 한 번만 받습니다.

85. 세례는 누가 받을 수 있습니까?

(1) 그리스도를 하나님의 아들로 믿고

(2) 그를 자신의 구세주로 영접하며 공개적으로 고백하는 자입니다.

86. 세례는 누가 베풀 수 있습니까?

하나님의 사역자로 부르심을 받은 목사가 베풀 수 있습니다.

87. 세례는 몇 가지가 있습니까?

물 세례와 성령 세례가 있습니다(요 3:5).

요 3:5 예수께서 대답하시되 진실로 진실로 네게 이르노니 사람이 물과 성령으로 나지 아니하면 하나님의 나라에 들어갈 수 없느니라

88. 성령 세례는 무엇입니까?

죄를 회개하고 예수를 구주로 믿어 하나님의 자녀가 된 것을 성령께서 인치는 것입니다.

89. 물 세례는 무엇입니까?

목사가 물을 가지고 성부 성자 성령의 이름으로 베푸는 세례입니다.

90. 이 두 세례는 어떤 관계가 있습니까?

예수 그리스도의 이름으로 시행되는 물 세례는 성령 세례를 확증하는 것입니다.

91. 세례를 받아야 할 이유가 무엇입니까?

(1) 예수님의 명령이기 때문입니다 (마 28:19, 행 10:48).

(2) 구원의 확신을 증거해 주기 때문입니다.

마 28:19 그러므로 너희는 가서 모든 민족을 제자로 삼아 아버지와 아들과 성령의 이름으로 세례를 베풀고

행 10:48 명하여 예수 그리스도의 이름으로 세례를 베풀라 하니라 그들이 베드로에게 며칠 더 머물기를 청하니라

92. 성찬은 무엇입니까?

(1) 떡과 포도즙을 먹고 마심으로

(2) 예수님의 죽으심을 기념하고

(3) 임재하신 그리스도와 교통하는 표입니다(고전 11:23~25).

93. 성찬의 효과는 무엇입니까?

(1) 믿음을 강하게 해주고

(2) 하나님의 임재를 체험하게 하며

(3) 성도들과 그리스도 안에서 하나가 되었음을 확인해 줍니다.

94. 성찬식은 누가 처음으로 시행하였습니까?

예수님께서 처음으로 시행하였습니다
(마 26:26~ 29).

고전 11:23~25 [23]내가 너희에게 전한 것은 주께 받은 것이니 곧 주 예수께서 잡
히시던 밤에 떡을 가지사 [24]축사하시고 떼어 이르시되 이것은 너희를 위하는 내 몸
이니 이것을 행하여 나를 기념하라 하시고 [25]식후에 또한 그와 같이 잔을 가지시고
이르시되 이 잔은 내 피로 세운 새 언약이니 이것을 행하여 마실 때마다 나를 기념
하라 하셨으니

마 26:26~29 [26]그들이 먹을 때에 예수께서 떡을 가지사 축복하시고 떼어 제자들
에게 주시며 이르시되 받아서 먹으라 이것은 내 몸이니라 하시고 [27]또 잔을 가지사
감사 기도 하시고 그들에게 주시며 이르시되 너희가 다 이것을 마시라 [28]이것은 죄
사함을 얻게 하려고 많은 사람을 위하여 흘리는 바 나의 피 곧 언약의 피니라 [29]그러
나 너희에게 이르노니 내가 포도나무에서 난 것을 이제부터 내 아버지의 나라에서
새것으로 너희와 함께 마시는 날까지 마시지 아니하리라 하시니라

95. 언제 처음으로 시행되었습니까?
예수께서 십자가에 못 박히시기 전날 밤에 시행되었습니다(마 26:17~18).

96. 성찬식은 무엇으로 베풉니까?
떡과 포도즙으로 베풉니다.

97. 떡은 무엇을 기념합니까?
예수님의 몸을 기념합니다.

98. 포도즙은 무엇을 기념합니까?
예수님의 피를 기념합니다.

99. 성찬식은 언제부터 언제까지 행합니까?
예수께서 죽으신 때부터 재림하실 때까지 행합니다(고전 11:26).

마 26:17~18 [17]무교절의 첫날에 제자들이 예수께 나아와서 이르되 유월절 음식 잡수실 것을 우리가 어디서 준비하기를 원하시나이까 [18]이르시되 성안 아무에게 가서 이르되 선생님 말씀이 내 때가 가까이 왔으니 내 제자들과 함께 유월절을 네 집에서 지키겠다 하시더라 하라 하시니

고전 11:26 너희가 이 떡을 먹으며 이 잔을 마실 때마다 주의 죽으심을 그가 오실 때까지 전하는 것이니라

100. 누가 성찬에 참여할 수 있습니까?
입교한 자와 세례 받은 자입니다.

101. 누가 성찬에 참여할 수 없습니까?
(1) 죄를 짓고 회개하지 않는 자
(2) 교회에서 성찬을 금한 자

102. 성도는 성찬 분배 중에 어떻게 해야 합니까?
조용히 묵상하고 감사하며 기도해야 합니다.

103. 가정 예배는 무엇입니까?
성도의 가족이 모여 기도하며 성경을 읽으며 찬송함으로 하나님을 경배하는 것입니다.

104. 교인은 교회에 언제 출석해야 합니까?
새벽기도회와 주일예배와 수요기도회 및 교회 집회에 적극적으로 출석해야 합니다.

105. 교인은 교회 발전을 위해 어떻게 충성해야 합니까?
받은 은혜대로 기도와 봉사, 물질과 시간

등으로 힘을 다해야 합니다.

106. 하나님께서 우리를 선택하신 목적은 무엇입니까?

(1) 그 앞에서 거룩하고 흠이 없게 하시고
(2) 그 기쁘신 뜻대로 자기의 자녀를 삼으시며
(3) 그 은혜의 영광을 찬미하고 선전하게 하려고 선택하셨습니다(엡 1:4~6, 벧전 2:9).

제10장 성경 교육과 선교 사업

107. 성경 교육은 누구에게 필요합니까?

모든 성도에게 필요합니다(딤후 3:16).

엡 1:4~6 [4]곧 창세 전에 그리스도 안에서 우리를 택하사 우리로 사랑 안에서 그 앞에 거룩하고 흠이 없게 하시려고 [5]그 기쁘신 뜻대로 우리를 예정하사 예수 그리스도로 말미암아 자기의 아들들이 되게 하셨으니 [6]이는 그가 사랑하시는 자 안에서 우리에게 거저 주시는 바 그의 은혜의 영광을 찬송하게 하려는 것이라

벧전 2:9 그러나 너희는 택하신 족속이요 왕 같은 제사장들이요 거룩한 나라요 그의 소유가 된 백성이니 이는 너희를 어두운 데서 불러내어 그의 기이한 빛에 들어가게 하신 이의 아름다운 덕을 선포하게 하려 하심이라

딤후 3:16 모든 성경은 하나님의 감동으로 된 것으로 교훈과 책망과 바르게 함과 의로 교육하기에 유익하니

108. 성경을 연구하면 어떻게 됩니까?

(1) 하나님과 우리 자신을 알게 되며

(2) 하나님의 사람으로 온전해지고

(3) 선한 일을 할 수 있게 됩니다 (딤후 3:17).

109. 어떻게 성경을 공부해야 합니까?

(1) 간절한 마음으로 말씀을 읽고

(2) 날마다 성경을 공부해야 합니다 (행 17:11).

110. 성경을 사사로이 풀 수 있습니까?

사사로이 풀 것이 아닙니다(벧후 1:20).

111. 예수님은 어떻게 전도하셨습니까?

(1) 모든 지역에 두루 다니시고

(2) 병자를 고치시며

(3) 복음을 전파하셨습니다(마 9:35).

딤후 3:17 이는 하나님의 사람으로 온전하게 하며 모든 선한 일을 행할 능력을 갖추게 하려 함이라

행 17:11 베뢰아에 있는 사람들은 데살로니가에 있는 사람들보다 더 너그러워서 간절한 마음으로 말씀을 받고 이것이 그러한가 하여 날마다 성경을 상고하므로

벧후 1:20 먼저 알 것은 성경의 모든 예언은 사사로이 풀 것이 아니니

마 9:35 예수께서 모든 도시와 마을에 두루 다니사 그들의 회당에서 가르치시며 천국 복음을 전파하시며 모든 병과 모든 약한 것을 고치시니라

112. 사도들은 어떻게 전도하였습니까?
언제 어디서나 쉬지 않고 전도하였습니다(행 5:42).

113. 전도는 무엇입니까?
예수 그리스도를 믿도록 전하는 것입니다(요 3:16).

114. 우리는 전도를 위해 무엇을 기도해야 합니까?
전도할 문을 우리에게 열어 주시도록 기도해야 합니다(골 4:3).

행 5:42 그들이 날마다 성전에 있든지 집에 있든지 예수는 그리스도라고 가르치기와 전도하기를 그치지 아니하니라
요 3:16 하나님이 세상을 이처럼 사랑하사 독생자를 주셨으니 이는 그를 믿는 자마다 멸망하지 않고 영생을 얻게 하려 하심이라
골 4:3 또한 우리를 위하여 기도하되 하나님이 전도할 문을 우리에게 열어 주사 그리스도의 비밀을 말하게 하시기를 구하라 내가 이 일 때문에 매임을 당하였노라

115. 우리는 누구에게 복음을 전파해야 합니까?

모든 족속(눅 24:47), 온 천하 만민에게(막 16:15, 골 1:23) 전파해야 합니다.

제11장 꼭 암송하고 믿고 지켜야 할 내용

116. 예수님이 가르쳐 주신 기도는 무엇입니까?

주기도문입니다.

117. 사도들의 신앙을 요약한 것이 무엇입니까?

사도신경입니다.

118. 하나님의 도덕법은 무엇입니까?

십계명입니다(출 20:1~17).

눅 24:47 또 그의 이름으로 죄 사함을 받게 하는 회개가 예루살렘에서 시작하여 모든 족속에게 전파될 것이 기록되었으니

막 16:15 또 이르시되 너희는 온 천하에 다니며 만민에게 복음을 전파하라

골 1:23 만일 너희가 믿음에 거하고 터 위에 굳게 서서 너희 들은 바 복음의 소망에서 흔들리지 아니하면 그리하리라 이 복음은 천하 만민에게 전파된 바요 나 바울은 이 복음의 일꾼이 되었노라

119. 십계명을 외워 보십시오.

하나님이 이 모든 말씀으로 말씀하여 이르시되 나는 너를 애굽 땅, 종 되었던 집에서 인도하여 낸 네 하나님 여호와니라

제일은, 너는 나 외에는 다른 신들을 네게 두지 말라

제이는, 너를 위하여 새긴 우상을 만들지 말고 또 위로 하늘에 있는 것이나 아래로 땅에 있는 것이나 땅 아래 물 속에 있는 것의 어떤 형상도 만들지 말며 그것들에게 절하지 말며 그것들을 섬기지 말라 나 네 하나님 여호와는 질투하는 하나님인즉 나를 미워하는 자의 죄를 갚되 아버지로부터 아들에게로 삼사 대까지 이르게 하거니와 나를 사랑하고 내 계명을 지키는 자에게는 천 대까지 은혜를 베푸느니라

제삼은, 너는 네 하나님 여호와의 이름을 망령되게 부르지 말라 여호와는 그의 이름을 망령되게 부르는 자를 죄 없다 하지 아니하리라

제사는, 안식일을 기억하여 거룩하게 지키라 엿새 동안은 힘써 네 모든 일을 행할 것이나 일곱째 날은 네 하나님 여호와의 안식일인즉 너나 네 아들이나 네 딸이나 네 남종이나 네 여종이나 네 가축이나 네 문안에 머무는 객이라도 아무 일도 하지 말라 이는 엿새 동안에 나 여호와가 하늘과 땅과 바다와 그 가운데 모든 것을 만들고 일곱째 날에 쉬었음이라 그러므로 나 여호와가 안식일을 복되게 하여 그 날을 거룩하게 하였느니라

제오는, 네 부모를 공경하라 그리하면 네 하나님 여호와가 네게 준 땅에서 네 생명이 길리라

제육은, 살인하지 말라

제칠은, 간음하지 말라

제팔은, 도둑질하지 말라

제구는, 네 이웃에 대하여 거짓 증거하지 말라

제십은, 네 이웃의 집을 탐내지 말라 네 이웃의 아내나 그의 남종이나 그의 여종이나 그의 소나 그의 나귀나 무릇 네 이웃의 소유를 탐내지 말라(출 20:1~17)

제3편

부록

1. 학습 문답
2. 세례 문답
3. 유아·어린이 세례 문답
4. 입교 문답

이 문답은 목사가 성도들 앞에서 여러분에게 서약케 하는 문답입니다. 먼저 무엇을 묻는지 잘 읽은 후 기도로 준비하고, 실제로 질문할 때는 큰소리로 "예"라고 정중하게 대답할 것입니다.

1 학습 문답

1. 천지 만물을 창조하시고 그것을 홀로 주장하시는 하나님을 진심으로 믿습니까?

답: 예

2. 예수님은 우리의 죄를 대신하여 십자가에 못 박혀 죽으신 구주이신 것을 믿습니까?

답: 예

3. 하나님의 말씀인 성경을 힘써 배우며 그 말씀대로 살기 위해 힘쓰겠습니까?

답: 예

4. 주일을 거룩히 지키며 예배를 드리고 힘써 기도하고 말씀보며 선한 일을 행하기에 힘쓰도록 작정하십니까?

답: 예

2 세례 문답(학습 후 세례 받는 이에게)

1. 여러분은 자신이 하나님 앞에 죄인인 줄 알며, 마땅히 그의 진노를 받아 죽음에서 오직 하나님의 은혜로만 구원 얻을 소망밖에 없는 사람인 줄 아십니까?

답: 예

2. 여러분은 주 예수 그리스도께서 하나님의 아들이심과 죄인의 구주이심을 믿으며, 말씀에 따라 구원하실 분은 오직 예수님뿐이신 줄 알고 그를 믿으며 그를 의지하십니까?

답: 예

3. 여러분은 지금 오직 성령의 은혜에 의지하여 그리스도를 좇아 모든 죄를 버리고 그의 가르침대로 살기로 작정하십니까?

답: 예

4. 여러분은 이 교회의 다스림과 치리에 복종하고 그 거룩함과 화평함을 이루도록 힘쓰기로 다짐하십니까?

답: 예

3 유아·어린이 세례 문답

1. 여러분은 이 아이가 예수 그리스도의 피로 씻음을 받고 성령으로 거듭나는 은혜가 필요한 것을 인정하십니까?

답: 예

2. 여러분은 이 아이가 하나님의 언약의 자손이며, 주 예수 그리스도를 믿음으로 구원 얻을 줄 믿습니까?

답: 예

3. 여러분은 지금 이 아이를 하나님께 바치며, 겸손한 마음으로 하나님의 은혜를 의지하며, 이 아이에게 경건한 삶의 모범을 보이기를 힘쓰며, 이 아이를 위하여 기도하며, 이 아이와 함께 기도하고, 거룩한 신앙의 바른 길을 가르치며, 이 아이를 주의 말씀과 교양으로 양육하기를 서약합니까?

답: 예

4 입교 문답(유아·어린이 세례 후 입교하는 이에게)

1. 여러분은 유아 · 어린이 때에 부모님의 신앙고백과 서약으로 세례를 받았는데, 이제는 그 고백과 서약을 여러분 자신의 것으로 삼고 성실히 지키기로 맹세합니까?

답: 예

2. 여러분은 자신이 하나님 앞에 죄인인 줄 알며, 마땅히 그의 진노를 받아 죽음에서 오직 하나님의 은혜로만 구원 얻을 소망밖에 없는 사람인 줄 아십니까?

답: 예

3. 여러분은 주 예수 그리스도께서 하나님의 아들이심과 죄인의 구주이심을 믿으며, 말씀에 따라 구원하실 분은 오직 예수님뿐이신 줄 알고 그를 믿으며 그를 의지하십니까?

답: 예

4. 여러분은 지금 오직 성령의 은혜에 의지하여, 그리스도를 좇아 모든 죄를 버리고 그의 가르침대로 살기로 작정하십니까?

답: 예

5. 여러분은 이 교회의 다스림과 치리에 복종하고 그 거룩함과 화평함을 이루도록 힘쓰기로 다짐하십니까?

답: 예

MEMO

MEMO

학습세례문답서 성경 본문 수록

초판 발행 2010. 10. 15
개정판 발행 2019. 10. 17
개정판 3쇄 2024. 3. 15

등록번호 제1977-000003호
등록일자 1977. 7. 18
편집 대한예수교장로회총회 교육부
제작 대한예수교장로회총회 출판부
발행 대한예수교장로회총회
주소 서울특별시 강남구 영동대로 330
전화 (02) 559-5655~6
팩스 (02) 6940-9384
홈페이지 www.holyonebook.com

ISBN 978-89-8490-411-8 03230
※잘못된 책은 바꾸어 드립니다.